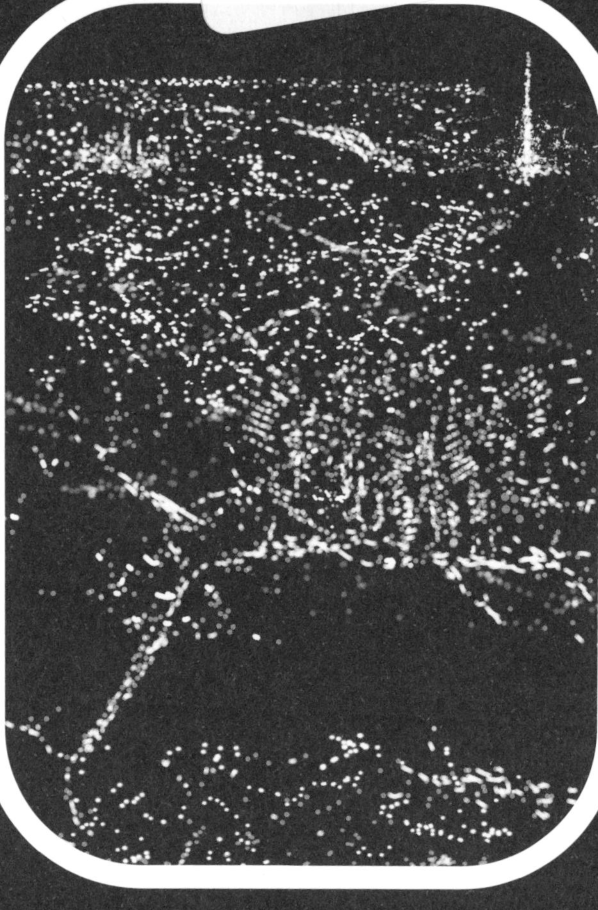

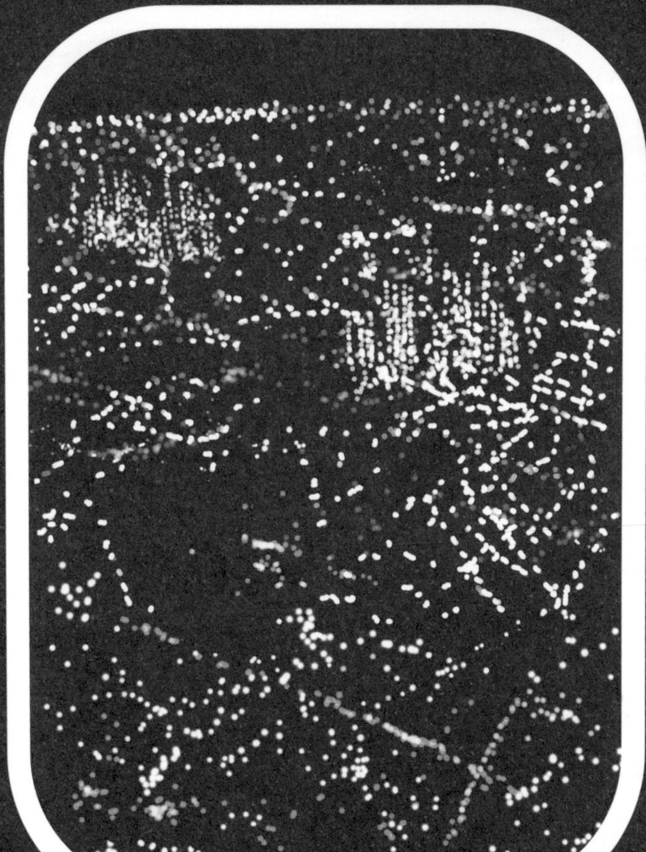

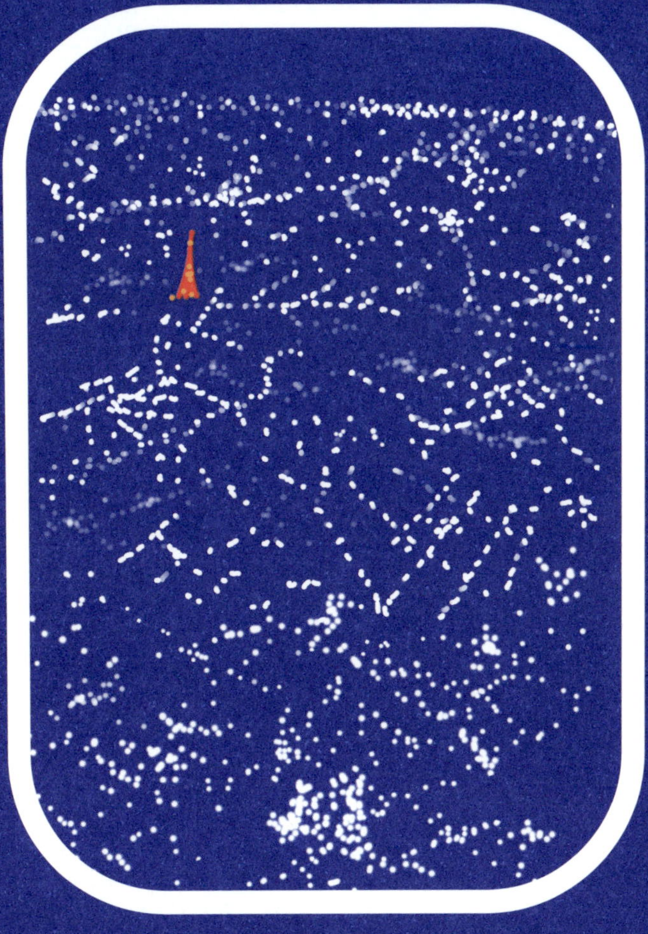

Tu ne peux pas imaginer
comme le Japon me manque.

Vahram
muratyan

Va au japon

Bon voyage

ヴァラム
ミュラティアン

les arènes
komon

Au commencement était le

design

デザイン

entre perfection
et imperfections.

Très vite les premiers

signes
文字

sont arrivés
je devais me rendre
sans tarder dans ce pays.

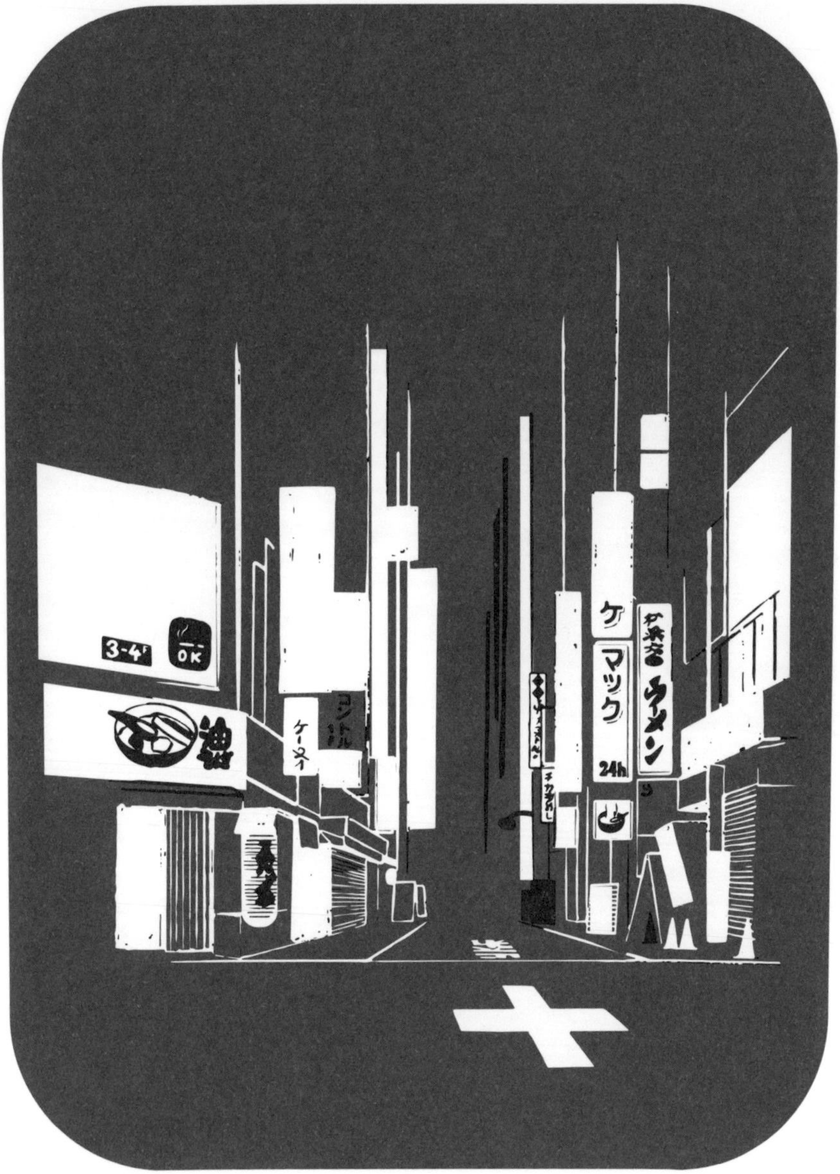

J'avais peur de ne rien capter à tous ces

signes

サイン

douze heures de vol
plus tard : j'y suis.

À l'aéroport Haneda je chope un

taxi
タクシー

la porte s'ouvre
tout est automatique
tout est magique.

Intrigant sans-contact dans ce

taxi

タクシー

plexiglas de protection
dentelles sur les repose-tête
ouverture des portes sans les mains.

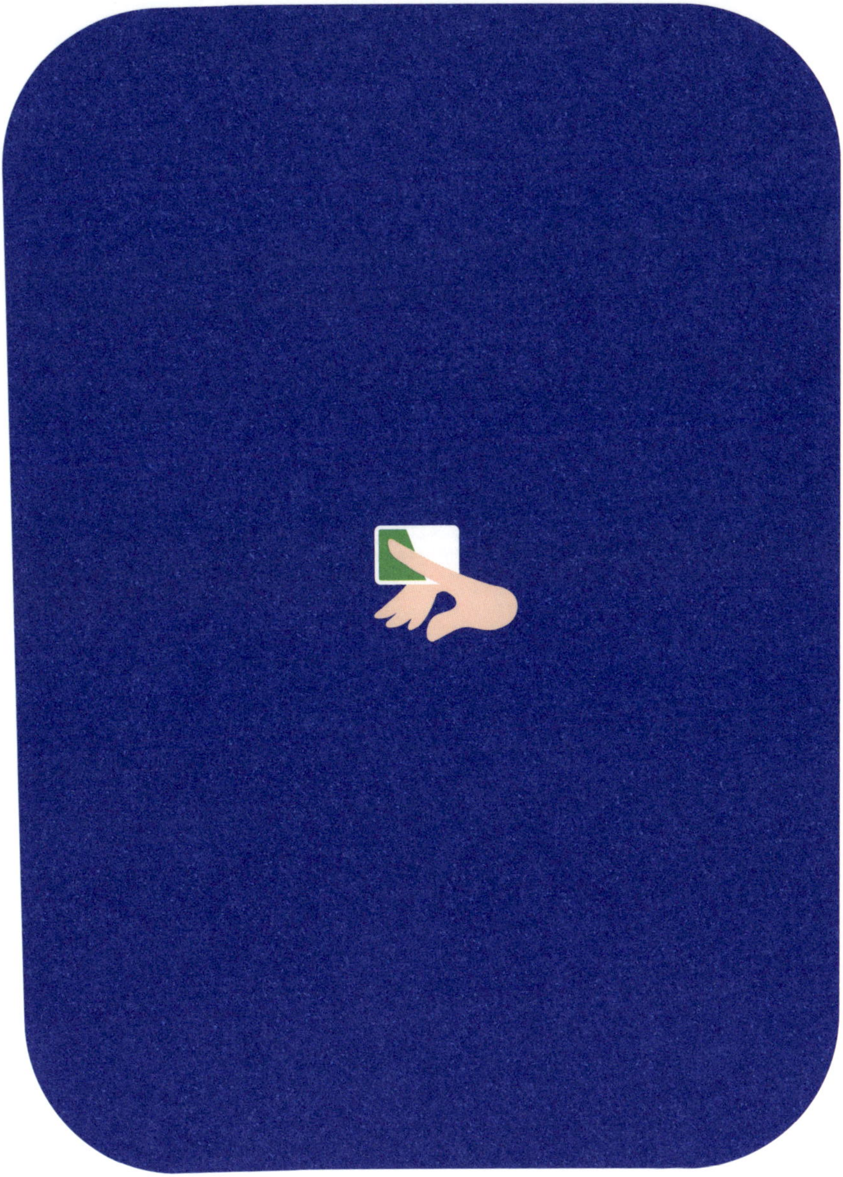

La carte Suica s'achète au

konbini

コンビニ

elle sert à tout payer partout
sans cash du tout.

C'est une épicerie le

konbini

コンビニ

pourtant j'y laisse mes bagages
on me les envoie où je veux.

Dans les distributeurs ou **jihanki** 自販機 on trouve surtout des boissons des petits jouets et parfois juste des parapluies.

J'apprends que le mot

jishin

地震

veut dire « tremblement de terre »
comment réagir si la terre tremble ?

Bien sûr je connais le mot **tsunami** mais ici ça m'évoque Hokusai ou Ponyo et moins Fukushima.

津波

Pour contrer un **tsunami** des digues dignes des décisions de doux dingues.

津波

L'arrivée d'un **typhon** 台風 a plus d'une fois fait tourner mon quotidien au ralenti.

Entre l'attente et la réalité le **typhon** 台風 serait presque décevant sous ses airs tonitruants.

Tout est sous **protection** plastique donc sous contrôle.

保護

Sous protection

plastique

発泡スチロール

le contenant
est plus important
que le contenu.

Autant de couches de

papier

紙

pour un si petit paquet ?
L'écologie
personne n'est vraiment prêt.

Je rapporte des carnets en papier
washi
和紙
je me dis
ça fera des cadeaux parfaits
je garde tout pour moi.

Bien sûr je connaissais bien

muji

無印

désormais je rêve de vivre
dans l'une de leurs maisons
sur mesure.

Quand on choisit de s'habiller chez
muji
無印
on annonce un monde
à l'opposé du look
salarymen de Ginza.

On me dit « Pour voir le mont **fuji** 富士 dans le train Tokyo-Kyoto placez-vous du côté droit dans le sens de la marche. »

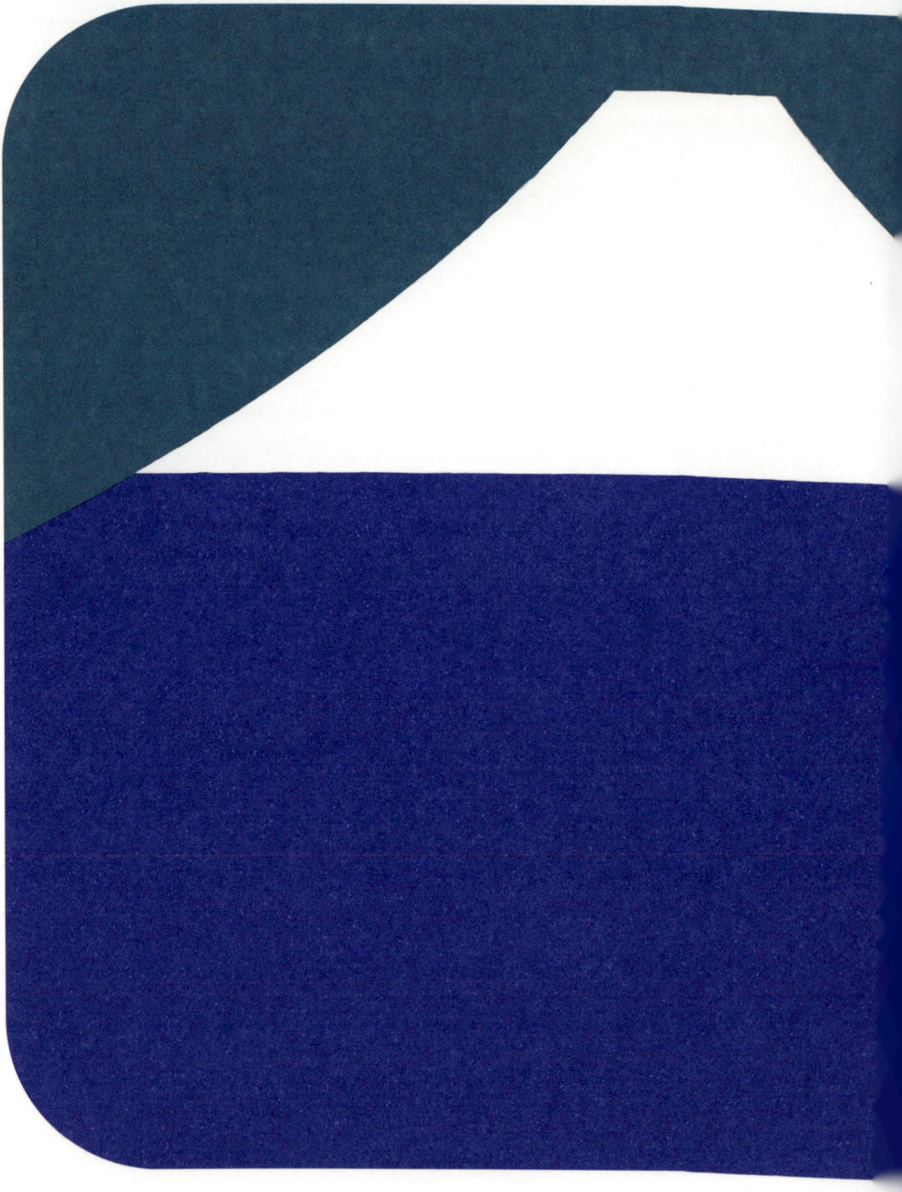

Une fois après le passage d'un typhon

fuji
富士

s'est révélé à moi
découpé net dans le ciel.

La beauté du
shinkansen
新幹線

comme un TGV
mais plus stable
et silencieux.

À Tokyo Station le
shinkansen
新幹線
entre en gare
j'arrête tout
pour le filmer.

Ce moment où tu quittes **tokyo** 東京 comme projeté dans un jeu vidéo.

Repenser à tout ce que tu as vu à **tokyo** 東京 réaliser que tu as dû explorer 1 % de la ville.

Modernité de la gare de

kyoto

京都

À quoi je m'attendais ?
Toute en bois et remplie de geishas ?

La villa impériale Katsura à

kyoto

京都

derrière chaque panneau
qui pourrait apparaître ?

Après douze temples à Kyoto je file le soir à

osaka

大阪

pour prendre
une décharge visuelle
comme au cinéma.

Une amie japonaise à Paris m'a dit « Pour moi...

osaka

大阪

... c'est Marseille ! »
Il est permis d'en douter.

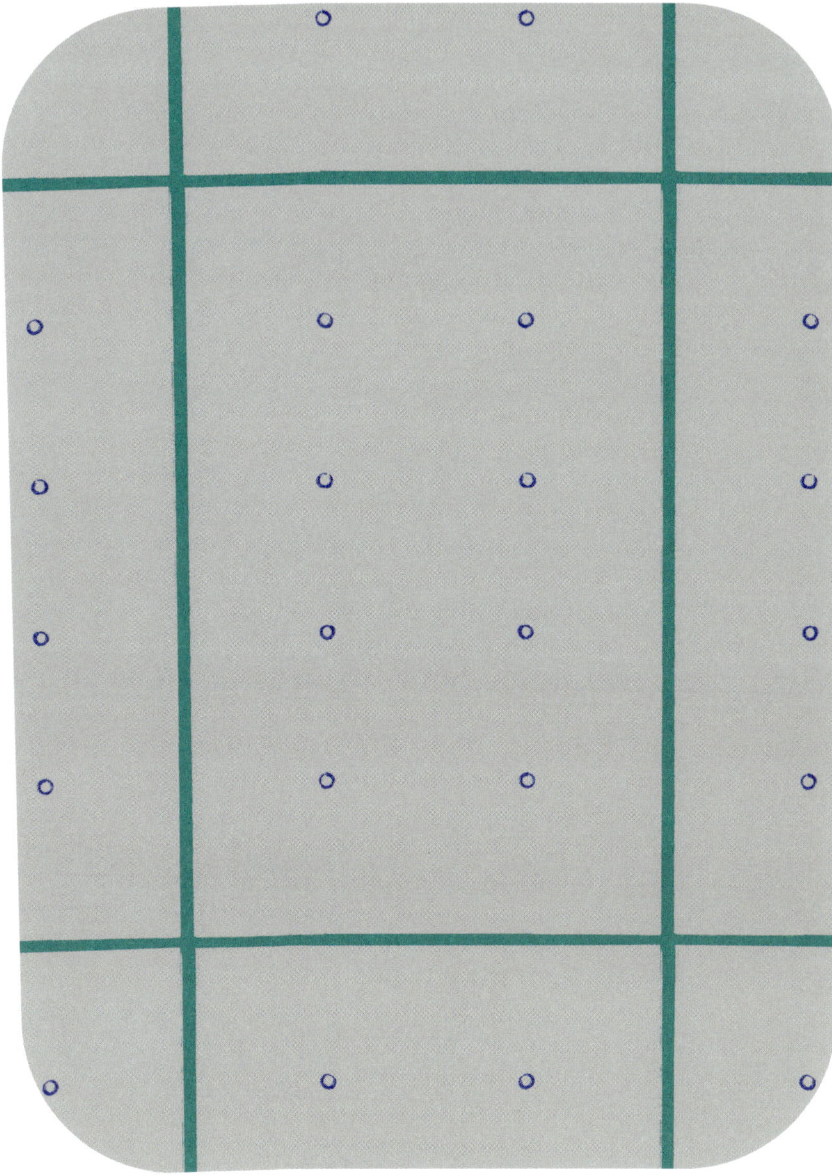

La ville a vu naître Tadao
ando 安藤
architecte visionnaire
à l'origine du projet Naoshima.

C'est la plus belle expérience d'art qui soit

ando 安藤

a dû se dire en imaginant ce parcours :

Les personnes qui déambulent sur l'île de **naoshima** 直島 doivent avoir l'impression de rêver en plein jour.

Face à l'île de Naoshima

teshima

豊島

tenter de la raconter
serait tout gâcher.

Un dernier selfie devant **kusama** 草間 avant de reprendre le bateau puis un train pour Hiroshima.

La célébration de

kusama
草間

est-elle due aux sacs
monogrammés
ou bien l'inverse ?

L'art c'est des estampes de

geisha

芸者

ou des paysages
pour beaucoup de Japonais.

Les apprenties geishas sont des

maiko

舞妓

certains touristes
en mal de *likes*
louent leurs tenues.

Le circuit classique passe par

miyajima
宮島

ce qui signifie beaucoup trop de touristes.

Comme au Mont-Saint-Michel ● l'île de

miyajima

宮島

est à moi le soir
et au petit matin
si je dors sur place.

Ça me rappelle

fushimi

伏見

pour se sentir seul là-bas
il faut beaucoup de méditation.

Tout en haut de

fushimi

伏見

j'ai appris à frapper
deux fois des mains
pour prier dans un temple.

Cette prière appelle **kitsune** 狐 censé m'apporter fertilité et prospérité.

Se rendre dans un café

kitsuné

キツネ

un matcha latte
est plus excitant
qu'un expresso bien serré.

Des animaux sauvages dans un

café

コーヒー

quelle idée !
Serpents hérissons ou loutres
n'ont pas que ça à f**tre.

Ma première et dernière fois dans un animal

café

カフェ

j'ai vu des hiboux piégés
assommés par des néons.
Je demande pardon.

Une nature sacrée mais ultra-maîtrisée

mononoke もののけ avait déjà tout dénoncé.

Un jour j'irai découvrir les sous-bois de Yakushima là même où

mononoke converse avec la nature.

もののけ

Le *shinrin yoku* ou le bain de

forêt

森林

pour recharger ses batteries
choisir un arbre
et l'enlacer.

Ma mission avec un **bonsaï** 盆栽 c'est de réussir à le conserver vivant au moins un an.

Tout est miniature mimi

kawaï
カワイイ

les Japonais disent
« Pourquoi renoncer à l'enfance ? »

Pour la mascotte la plus

kawaï

可愛い

personne ne peut résister
à Kumamon de Kumamoto
dans le Kyushu.

On la trouve chez **kiddyland** l'antre de la folie est ici.

キディランド

Tenir cinq minutes chez **kiddyland** キディランド relève de l'exploit.

Résister à l'empire Hello **kitty** キティ est peine perdue.

J'ai compris pourquoi les **kit kat** キットカット étaient autant offerts. *Kitto Katsu* veut dire « porter chance » en japonais.

Retour à Tokyo dans

cat street

キャットストリート

cœur battant du style
et des crêpes bizarres.

Devant les boutiques de

cat street

キャットストリート

j'apprends que
les files d'attente
sont faites de faux clients.

Une tendance vue à **harajuku** 原宿 devient la référence de la mode globalisée deux ans après.

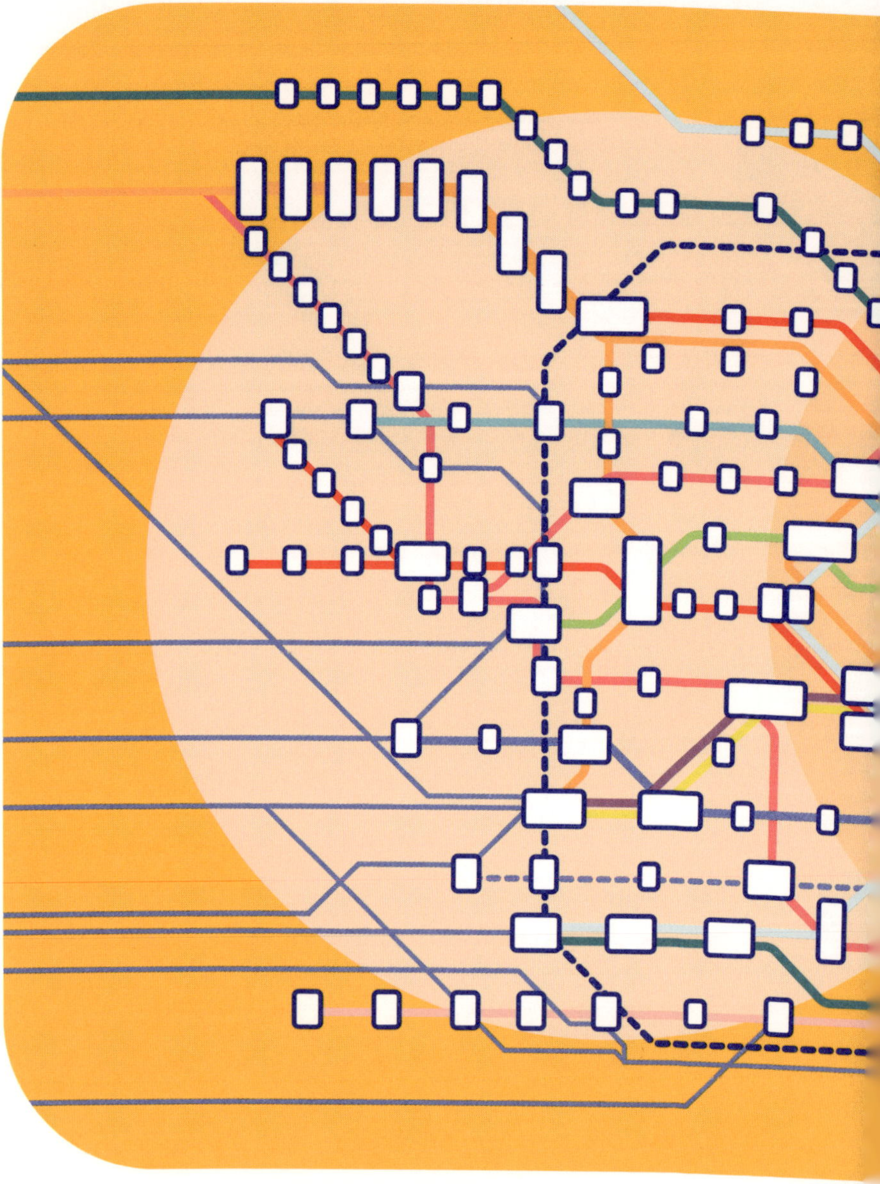

J'aime le son de la station

yoyogi

代々木

en fait j'aime tous les jingles
de toutes les stations
je les sifflote parfois chez moi.

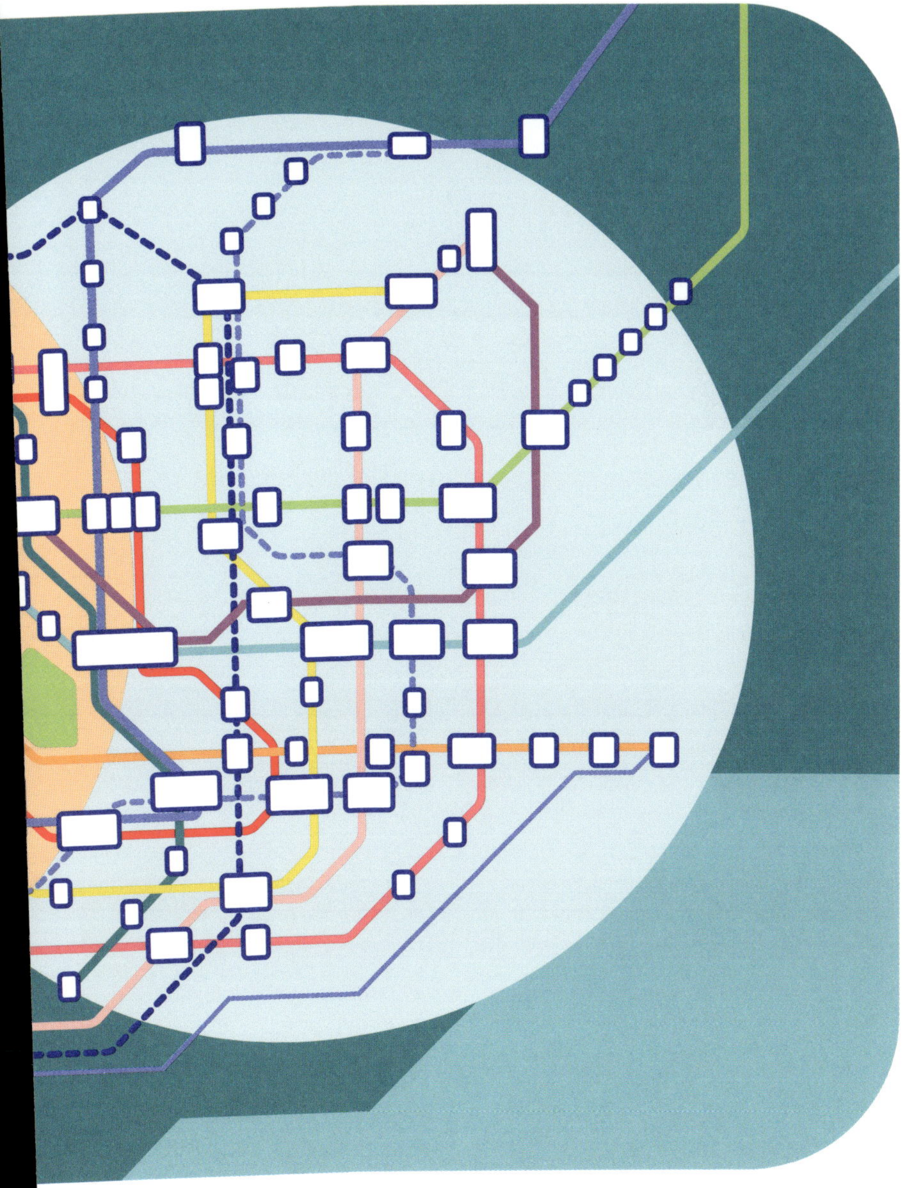

Le son de la station

shinjuku

新宿

c'est comme un repère
et pourtant à chaque fois
je me perds.

Si on se retrouve à

shinjuku
新宿

retrouvons-nous
plutôt dans le parc
Shinjuku Gyoen.

Si on se retrouve à

shibuya

渋谷

retrouvons-nous en bas
de la Tour 109
10 et *9* se prononcent *To Kyu.*

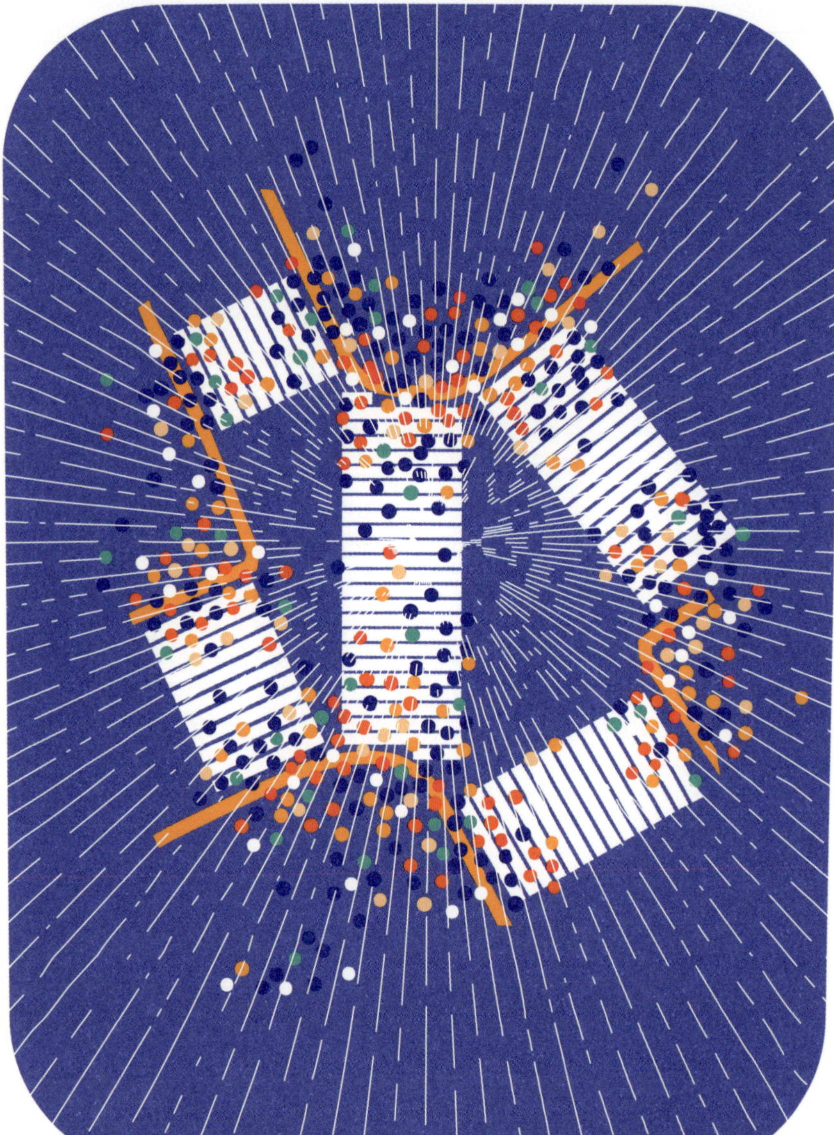

Foule extraordinaire de

shibuya

渋谷

personne ne gêne personne
dans cette dense danse.

Chercher le karaoké de Bill Murray et

scarlett

スカーレット

massacrer
Pour que tu m'aimes encore
et *Les Champs-Élysées.*

L'expérience ultime des **toilettes** トイレ se passe de mots superflus.

Savoir-vivre ou

étiquette

マナー

voici un usage important à connaître.

Le silence est une forme de

respect

配慮

une sérénité inattendue.

Toute lecture doit rester

discrète

こっそり

couvrir la couverture de son livre pour garder son mystère.

Tout geste ici est

discret

控えめ

pudeur gêne délicatesse
ou quelque chose d'autre ?

Daruma garde votre vœu

secret

秘密

s'il se réalise
on dessine le deuxième œil
sinon il faut le brûler.

Tout le monde connaît un resto

secret

秘密

avec en tout et pour tout
quatre places et un chef.

Pour trouver le
silence
静けさ
c'est simple
il suffit de se lever tôt.

Je connais un pavillon où le **silence** est d'or.

静けさ

Mais parfois cette **expérience** tourne au cauchemar.
体験

On fête les enfants durant la
golden week
ゴールデンウィーク

surtout
les garçons.

Pour les anciens c'est

silver week

シルバーウィーク

les centenaires
ne vivent pas
tous à Okinawa.

J'atteins le jardin sec du Pavillon d'

argent en empruntant
le Chemin de la Philosophie.

銀閣寺

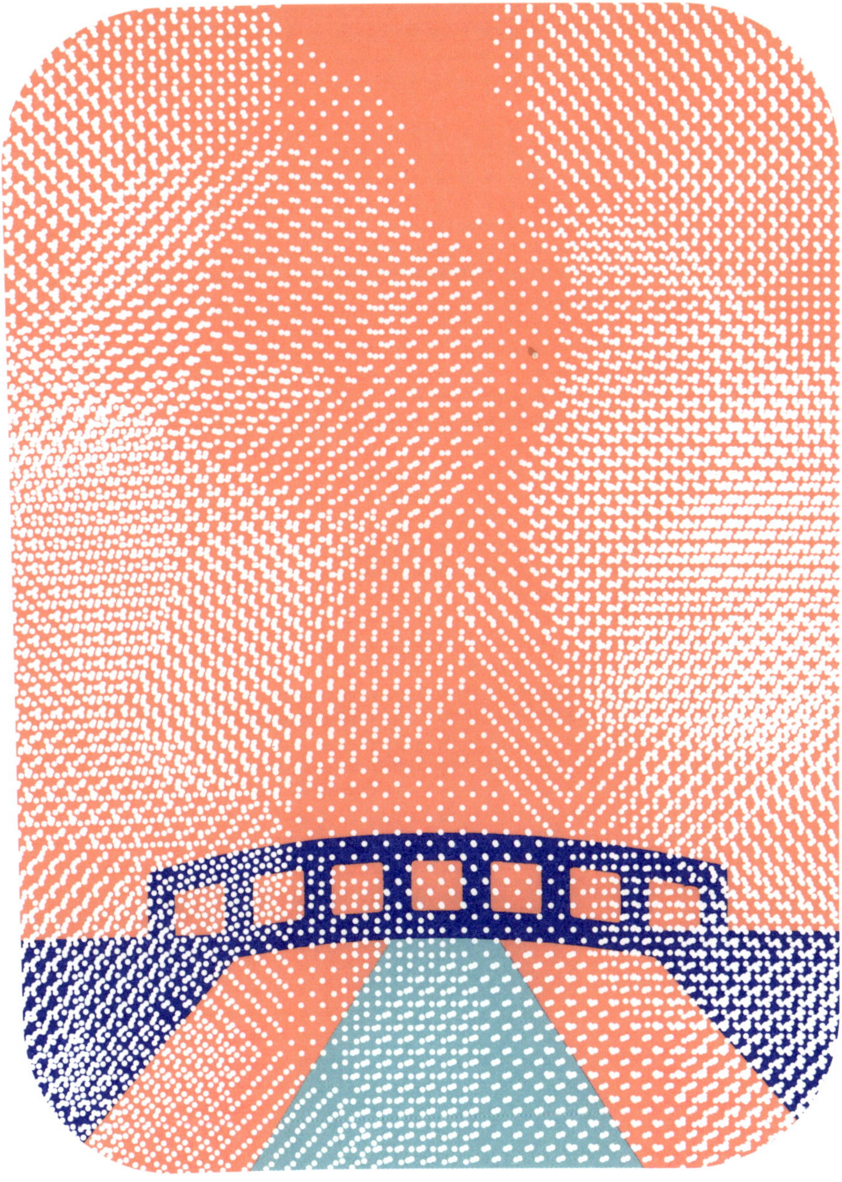

Le Chemin mène aux plus beaux

sakura

桜

à condition de tomber
sur la bonne semaine
pour les voir en fleur.

Pour trouver un beau spot à

sakura
桜
il faut être un petit génie.

Il existe un mot et c'est

hanami

花見

pour dire
on a trouvé le spot idéal.

Sous les arbres je trinque à coups d'

asahi

アサヒ

une bière japonaise
faussement légère.

Je poursuis la soirée dans un **izakaya** 居酒屋 à l'entrée de ce pub un *maneki-neko* porte-bonheur.

C'est fou dans un

izakaya
居酒屋

je ne comprends
rien au menu mais
ne suis jamais déçu.

Loin du tord-boyaux servi en France le **saké** 酒 qu'il soit chaud ou froid ne me donne pas la gueule de bois.

Tous les soirs ça commence tout doux au

saké

酒

pour finir éclaté au *shochu* dans un métro blindé.

C'est ma soirée
salaryman
サラリーマン
qui se
ressemble
s'assemble.

Je rencontre tant de

salarymen

サラリーマン

où sont passées
mes cartes de visite ?

Être bourré avec son patron puis se retrouver à poil au

onsen
温泉

devant ses équipes
en toute décontraction.

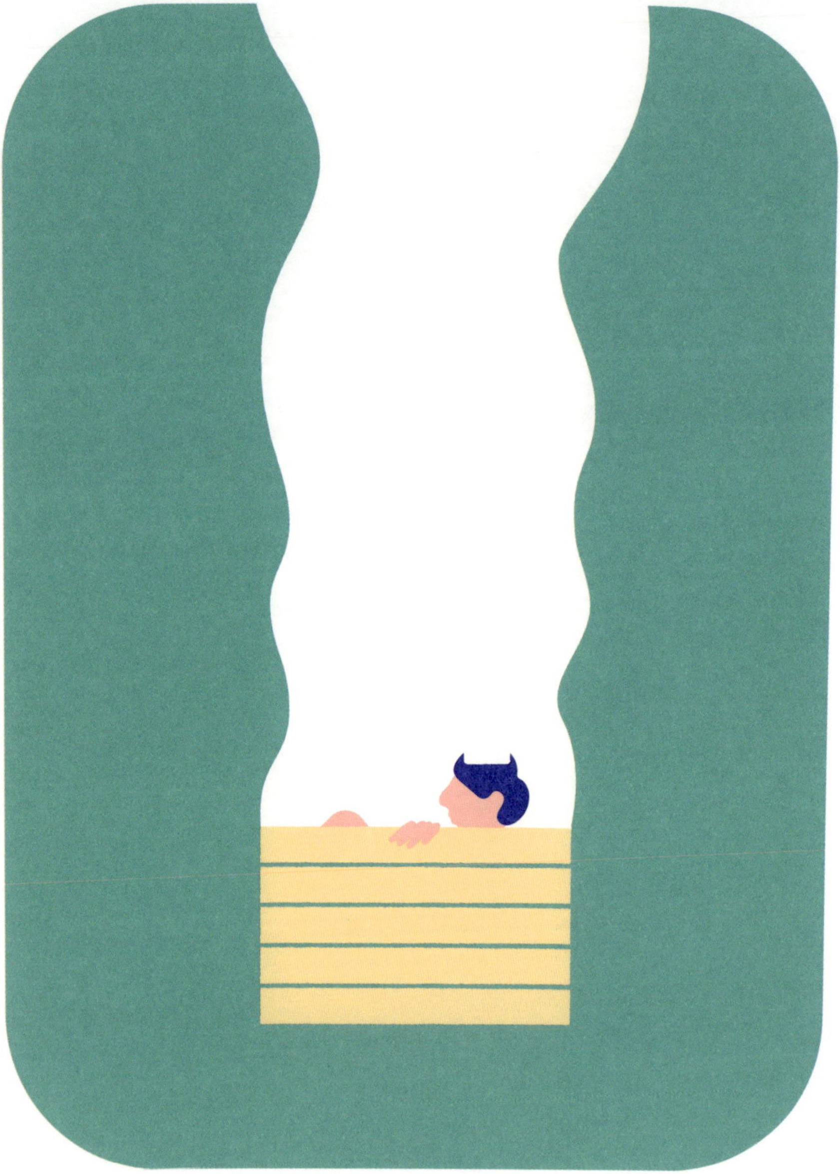

L'expérience dans un

onsen

温泉

n'a qu'un but
la renaissance intégrale.

Je me transforme en **oden** si je reste trop longtemps dans un *onsen*.

おでん

L'ultra-fermeté est appréciée pour un bon **udon** うどん sinon tout devient mou dans du bouillon rien de plus ennuyeux.

Comme beaucoup je confonds les nouilles

soba

蕎麦

somen ou *udon*
ramen ou *yakisoba*
tant que ça se trempe j'avale tout.

Le plus impressionnant dans un resto de

ramen c'est le bruit des *slurp.*

ラーメン

Ce qui m'impressionne le plus dans un

manga

漫画

shonen
c'est la boulimie des héros.

Si j'étais plus petit je me prendrais pour un **ninja** comme dans le manga *Naruto*.
忍者

Quand j'étais petit j'étais un Jedi… ou un

samouraï

侍

c'est la philosophie derrière le *bushido* qui m'attire.

Rashomon d'Akira

kurosawa

黒澤

ou *Les Sept Samouraïs*
m'ont appris à adopter
le point de vue multiple.

La claque après avoir lu le manga d'Otomo

akira

アキラ

le choc
après avoir vu
son film adapté.

Avec sa vision apocalyptique de Tokyo

akira
アキラ

a-t-il conjuré les angoisses post-guerre des Japonais ?

Rien que le mot **hiroshima** 広島 et on imagine le point de non-retour.

Pourtant à **hiroshima** l'espoir de beaux lendemains est partout.

ヒロシマ

Et beaucoup disent

mon amour

モンアムール

à Hiroshima et dégustent des huîtres grillées au feu de bois.

Une heure dans un

love hotel

ラブホテル

pour mettre
enfin fin
à ce fantasme.

Chaque m^2 d'une **tiny house** compte.

小さな家

La méthode de Marie Kondo est un **mini** espace rangé avec maxi-malice.

ミニスペース

Les seules poubelles disponibles sont à la

maison
家

si on a des déchets
on se les garde
jusqu'à chez soi.

L'ultime luxe c'est le

ryokan

旅館

une maison nippone
où les traditions
sont intactes.

À l'opposé d'un *ryokan* il y a l'hôtel

capsule

カプセル

pour expérimenter
la vie dystopique.

Le plus compliqué dans un hôtel

capsule

カプセル

c'est de parvenir
à trouver le sommeil
et à le garder.

Ma façon d'organiser mon **bento** 弁当 dévoile qui je suis.

Moi aussi au début le

tofu 豆腐

m'a laissé perplexe
et puis son intérêt
m'a été dévoilé.

Dans le *ryokan* mon dos sur un

futon

布団

prend cher
même en demandant
un second matelas.

Un étranger **tatamisé** est un touriste qui se croit plus japonais qu'un Japonais.

タタミゼ

Léger comme un sumo sur un **tatami** ou c'est peut-être l'inverse je ne sais plus.

畳

Au bureau en ville ou sur un **tatami** 畳 s'incliner à différents degrés tout un métier.

L'hospitalité à la japonaise ou

omotenashi

おもてなし

comme
un super service
sans contrepartie.

Pour que le chef vous surprenne vous dites

omakase

おまかせ

servez-moi
ce qu'il vous plaira.

Je pourrais être aussi glouton qu'un

yokai

妖怪

je le sais
je le suis
et ça me terrifie.

J'ai compris l'importance des fantômes

yokai

妖怪

ils sont partout
dans la culture ancestrale
et aussi beaucoup plus récente.

Je ne sers plus la main je dis

ohayo

おはよう

plus on est distant
plus on est respectueux
de l'espace de l'autre.

Le matin un café allongé et un doux

ohayo

お早よう

chassent la mauvaise humeur.

La Millennium Actress... Si on aime **OZU** 小津 on sait très bien qui est Setsuko.

La particularité des films d'

OZU

小津

ce sont les *plans-tatami*
la caméra posée au sol
ça prend bien l'intimité.

J'ai osé Ozu avec son film

printemps

晩春

tardif dans un cinéma d'art et d'essai à Paris c'était pas trop tôt.

J'ai enchaîné avec *Le Goût du saké* puis **été** 夏 *précoce* et *Fin d'automne* j'en veux encore.

Les érables rougissent c'est **koyo** 紅葉 les nouveaux goûts surgissent.

Sous un érable pendant

koyo
紅葉

le ciel est désirable.

Les petites biches de
nara
奈良

j'ai essayé de les dompter
il ne faut pas y compter.

Dans les allées de
nara
d'autres ont trouvé la paix
avant moi.
奈良

Sur la plage de

kamakura

鎌倉

Ozu a trouvé la paix
avant moi.

J'attendais mon café à

enoshima

江ノ島

j'ai vu le mont Fuji
juste là.

Tu crois connaître le

matcha
抹茶

eh bien ne crois pas cela.

L'art raffiné du

kintsugi

金継ぎ

réparer à l'or
ce qui est ébréché.

J'ai tout entendu sur la philosophie

wabi-sabi

わび・さび

mais c'est un jour
où je rêvais
que j'ai compris.

J'ai rêvé de me mettre à l'
origami
折り紙
j'ai eu la flemme
devant tous ces plis.

Nul besoin de découper les

sashimi

刺身

ils font la taille de la bouche.

Au fait avec un

sushi

寿司

c'est sans chichis
pas de baguettes.

Au fond avec un

onigiri

おにぎり

on est toujours surpris.

Ce n'est pas vert le **wasabi** c'est jaune comme la moutarde.

わさび

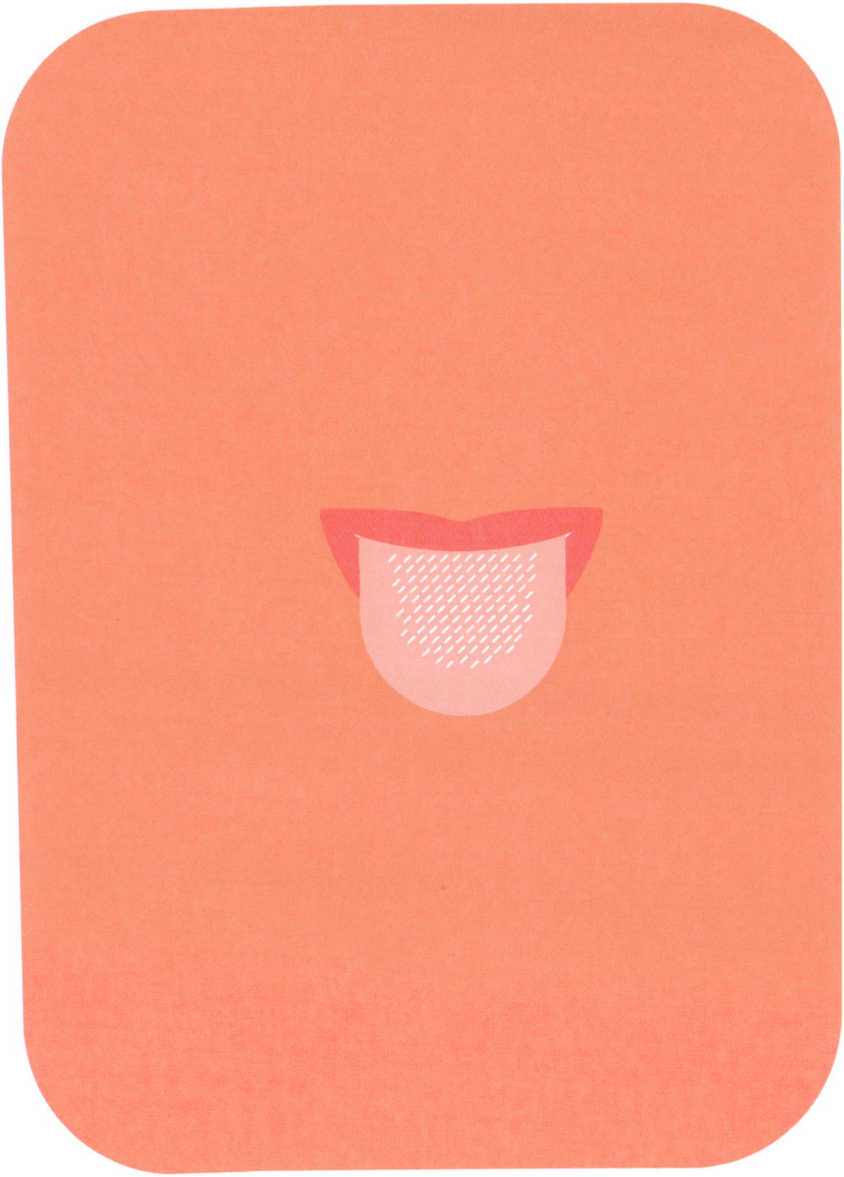

C'est l'une des cinq saveurs

umami

うま味

ce goût
n'est ni amer ni sucré
ni acide ni salé.

Pour obtenir la pâte d'*azuki* ou

anko

あんこ

j'ai suivi tous les conseils
de la mamie dans le film
Les Délices de Tokyo.

Celui qui a inventé le **mochi** gloire à lui.

餅

Pour dire *allô* on dit

moshi-moshi

もしもし

j'adore le répéter
encore et encore.

On peut tout faire avec un

emoji 絵文字 même sexter.

Ce n'est pas un emoji

Luigi ルイジ

c'est le héros d'un jeu
qui m'a fait perdre les pédales.

C'est mon frère imaginaire

mario
マリオ

j'ai pris
beaucoup trop
de champi avec lui.

Entre Apple et

nintendo

任天堂

lequel a le plus profité de mon temps de cerveau disponible ?

Bonjour se dit **konnichiwa** à partir de midi.
こんにちは

Bonsoir se dit **konbanwa** la nuit tombe très tôt.

こんばんは

Je passe mon temps à dire

arigato

ありがとう

ça viendrait de *obrigado*
le *merci* en portugais

Je m'en vais ce n'est pas **sayonara** qui serait un adieu.

さようなら

J'ai envie de dire
sumimasen je dois partir.
すみません

C'est juste un

au revoir

ではまた

à bientôt

またね

Pour Endza et toutes ses merveilleuses découvertes à venir.

止まれ
STOP

mon japon.

Ce que je connais du Japon dans les années 1980, ce sont les robots et les dessins animés du Club Dorothée. Les touristes japonais arpentent les avenues parisiennes en un flot que Jacques Tati aurait pu reproduire dans ses films. Je suis fasciné par leurs déplacements en petits groupes compacts, leurs obsessions de photographes amateurs. Le moindre détail est capté, un plat typique de brasserie, une rue pittoresque. Les uns après les autres, ils posent devant une statue ou une porte cochère. À la fin du siècle dernier, ces touristes étaient des influenceurs avant l'heure.

À 15 ans, j'avais déjà nourri et tué un Tamagotchi, réglé mes fuseaux sur une Casio, vrillé la VHS d'*Akira* dans le magnétoscope JVC, dépensé mon argent de poche dans des arcades Pac-Man, imité les buts d'*Olive et Tom* et les smashs de *Jeanne et Serge*, passé des nuits blanches à glisser sur des bananes dans Mario Kart, vu en secret *L'Empire des sens* très tard à la télé. Mon père a gravé mon enfance sur des dizaines de vidéos 8 Sony, j'ai compris la photo argentique avec son appareil Minolta mais nous n'avons jamais roulé en Honda ni en Toyota.

Plus tard, mon esprit a été frappé par les néons fluo de *Ghost in the Shell* et *Perfect Blue*, j'ai découvert le suspense de *Battle Royale*, *Ring* et *Dark Water*. À l'opposé de ces sensations, je partage la tendresse de *L'Été de Kikujiro* ou l'incomparable spleen de *Lost in Translation*. Je me sens nostalgique d'un monde que je n'ai pas encore connu. Les rencontres avec Totoro, Mononoke ou Chihiro stimulent mon appétit, multiplient les questions et n'apportent aucune réponse définitive.

Atterrissage sur la planète J.

En 2013, mon livre *Paris vs New York* est publié en japonais.
C'est le prétexte idéal : je réserve un billet et pars en plein *sakura*.
Catapulté dans un nouvel espace-temps, au pic de la période des cerisiers en fleur.

Passage obligé en arrivant à Tokyo : le carrefour de Shibuya. Un immense ballet contemporain s'organise, des Tokyoïtes se sont donné rendez-vous devant une statue de chien, des visiteurs attendent l'arrêt des voitures pour traverser en diagonale, le trafic reprend en décalé, des touristes ne veulent rien manquer du bout de leurs perches à selfie, des voitures Mario Kart grandeur nature se font la course, des hurlements proviennent des *pachinko*. Je me faufile au milieu de la foule, au centre d'un nouveau monde que je me promets de visiter désormais chaque année.

7.30
8.30

Vues de jour, Osaka, Tokyo ou Hiroshima sont des villes moches comparées aux références occidentales comme Amsterdam, Paris, Rome ou New York. Cependant les cités nippones impressionnent. Je n'en vois jamais le bout, il me faut y retourner. Ma curiosité est titillée, je dois vivre l'expérience en suivant le *flow* comme sur un immense terrain de jeux.

Trouver un *izakaya* en passant à travers une porte dérobée, découvrir des bars de poche dans un quartier mystérieux, rencontrer des amis pour un *kakigori* à l'ombre de l'été, acheter le cadeau parfait dans une boutique de céramiques cachée au fond d'une cour, chiner dans une échoppe située au dernier étage d'un immeuble, se rendre à Fukuoka pour déguster la meilleure street-food des *yatai.*

Je commande à l'aveugle, je regarde, je goûte, je bois, je tente tout, au moins une fois.

L'art de bien manger devient le vecteur de mes flâneries. Des graines gluantes de *natto* le matin, des *yakitori* de *nankotsu* accompagnés d'une salade de *shiso* le midi, des makis de *shirako* avec un verre de *shochu* le soir.

Bienvenue dans le pays du soleil levant et du soleil trop vite couchant. À la nuit tombée, les villes deviennent claires-obscures, les néons brillent sur les visages. S'il pleut, c'est encore mieux : les sols trempés reflètent les silhouettes et les enseignes lumineuses, tout se transforme, tout devient attirant.

Les premiers jours, avec le décalage horaire, tout paraît rêvé.

Rien n'est laissé au hasard, les normes antisismiques sont mises à jour après chaque nouvelle grande catastrophe. La destruction est systématique pour mieux reconstruire. Tous les styles sont réunis, tout a l'air préfabriqué, fait de tôles et de superpositions de placo prêtes à tomber sans trop de dégâts. Les bâtiments ont une base obèse pour plus de stabilité. Si le sol bouge, les buildings bougent comme sur des roulettes. Les câbles électriques ne sont pas enterrés mais s'amoncellent par souci de sécurité ou par flemme. Les trottoirs et la chaussée sont toujours impeccables, je pourrais m'allonger pour y dormir mais je ne le ferai pas. Tout est propre malgré le peu de poubelles disponibles. Une personne balaie devant sa boutique. Les fumeurs ne peuvent pas jeter leurs mégots partout, ils sont parqués dans des zones dédiées comme dans les aéroports.

Perdre un objet est mission impossible. Si on trouve un objet dans la rue, on le laisse sur place, de préférence en hauteur. Si vous en avez besoin, n'importe qui vous aidera. Si vous cherchez votre chemin, quelqu'un marchera même vingt minutes avec vous pour être sûr que vous ne vous perdiez pas. Ici, on ne prend personne en photo en douce. Les appareils photo des téléphones japonais déclenchent le son du clic, même si on souhaite le couper. C'est pour dissuader les pervers dans le métro, m'a expliqué une amie.

Ginza

Comme un plat préparé par un chef, la ville japonaise est découpée, assemblée, composée avec soin. Chaque habitant fait attention à l'autre, personne ne râle mais personne ne montre sa joie non plus. Les émotions ne sont pas dévoilées aux yeux de tous, chaque geste est ritualisé, l'apparence et l'impression laissée doivent être impeccables. On ne claque pas la bise, on se serre à peine la main. En public, renifler est beaucoup mieux accepté qu'éternuer ou se moucher. On ne mange pas, on ne boit pas, on ne mâche jamais en marchant. On reste silencieux de préférence, on dort ou on fait semblant dans le métro pour ne pas croiser de regards. Chacun crée sa bulle et y vit.

Tokyo comme un labo.

Ce qui apparaît ici devient souvent la norme dans le reste du monde quelque temps après : vivre dans des villes, de plus en plus denses, de plus en plus chères, dans des appartements fonctionnels, impersonnels et archi-compacts. Préférer retrouver ses amis pour dîner dans un quartier central plutôt que d'être invité dans une maison excentrée. Déplorer la baisse de la natalité et la robotisation dans une société vieillissante. Gérer toutes ces solitudes immenses, s'amuser de la folie du divertissement ultra-marketé, observer l'engouement pour des images romantiques pastel, des musiques kitsch à l'eau de rose... L'obsession pour la mode, surtout le luxe comme marqueur social. Revendre tout, aussitôt acheté, faire de la place pour consommer davantage, prendre la pose afin de partager la photo et être *liké*, voyager de moins en moins car tout est mondialisé et disponible dans son quartier.

Lorsque la pandémie de Covid-19 est apparue, j'ai réalisé à quel point nous étions tous devenus un peu japonais. La distance entre les individus s'est installée. Plus aucune bise, moins d'étreintes, peur de l'intimité. L'hygiène, la propreté, la protection, le besoin de restreindre ses relations se sont imposés. Vivre loin dans la nature est devenu une nécessité. Le *momentum* n'était plus le même car l'humeur du monde avait soudainement changé.

va au japon est né de ce désir constant d'y retourner. C'est aussi une déclaration d'amour visuelle et surtout une invitation pour ceux qui n'ont jamais osé car « Douze heures de vol, c'est trop long » ou bien « Personne ne parle anglais, comment je vais faire ? » et aussi « Je rêve d'y aller mais je n'ai pas encore trouvé l'occasion ». Je réponds souvent : « Ne réfléchis pas trop, fonce.»

En arrivant la première fois à Tokyo, je me suis demandé pourquoi j'avais attendu autant de temps pour y aller. Après dix ans de traversées de l'archipel, en train, en voiture, en bateau, à pied ou à vélo, j'ai réuni mes souvenirs de flâneur, en liant les formes, en opposant les couleurs, en superposant les matières. En jouant sur les mots, le rythme des syllabes, le son des *kanji*.

Ce pays merveilleux est désormais entre vos doigts. Vous ne pouvez pas imaginer comme il me manque.

よい旅を Bon voyage ! vahram muratyan

Toshima
Arakawa
Komagome
Nippori
Ikebukuro
Taito
Bunkyo
Ueno
Koto
Asakusa
Kagurazaka
Akihabara
-Okubo
Shinjuku
njuku
Tokyo
Edogawa
buya
Chiyoda
Harajuku
Ginza
Shimbashi
Shibuya
Roppongi
Ebisu
ameguro
Minato
Shinagawa
Odaiba
eguro
東京

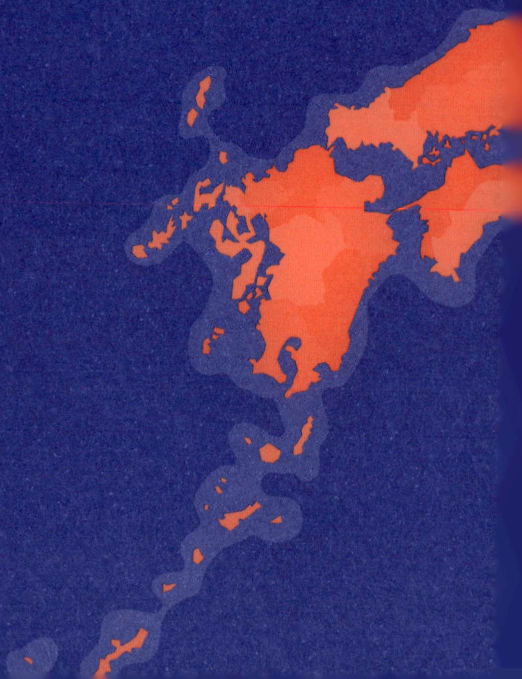

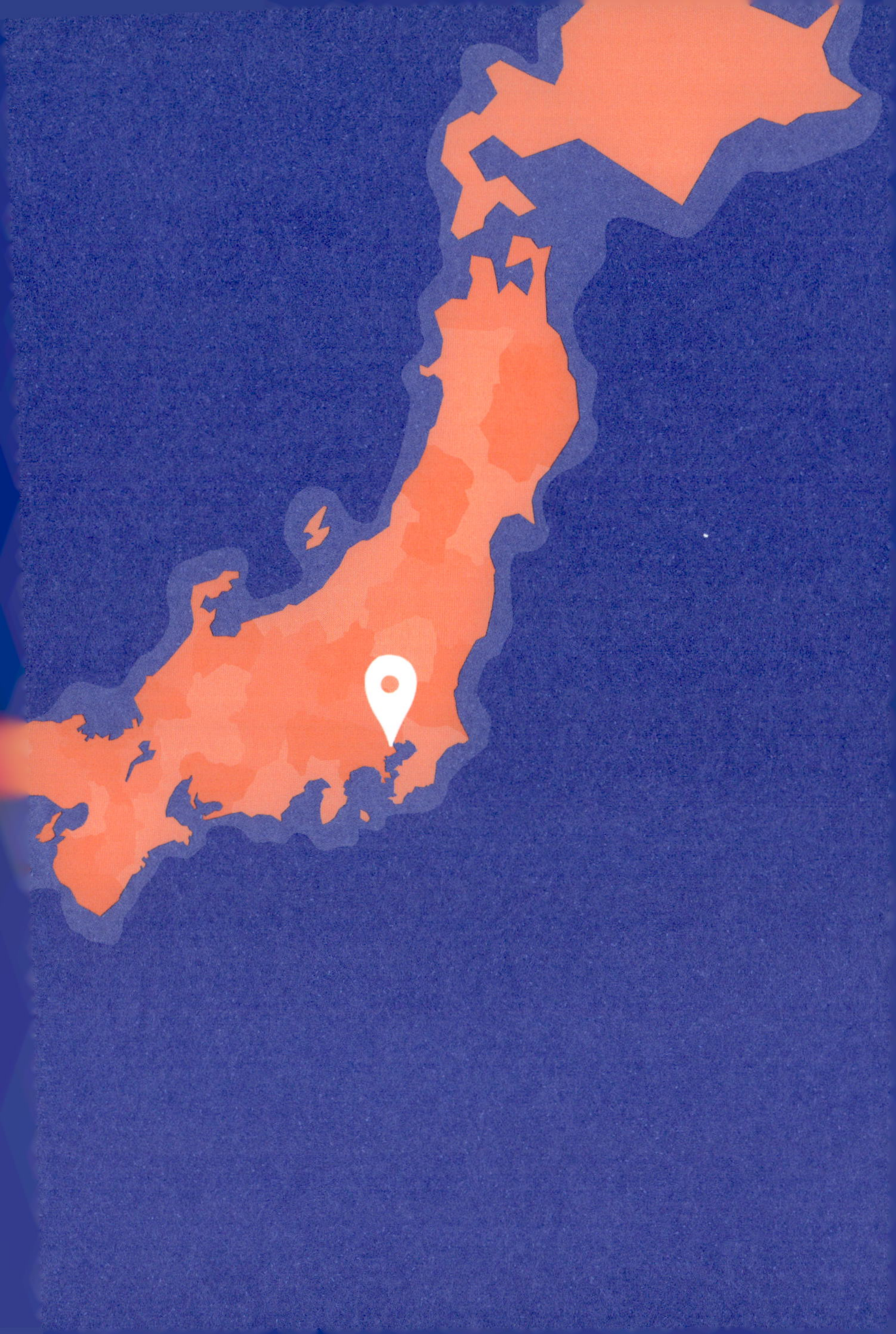

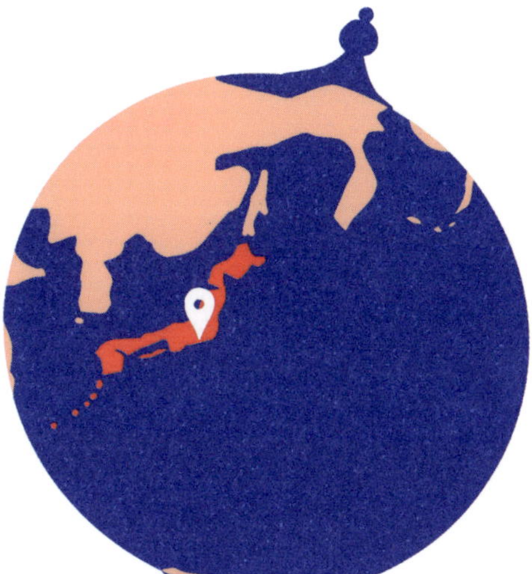

domo arigato

Un grand merci à **Sophie Fontanel** pour le temps passé à parfaire ce récit, **Yoko Nakamura** pour les belles connexions et les bons *kanji*, **Ayase Yanase** pour nos conversations qui ont fait germer tant d'idées présentes dans ce livre, la générosité de **Yuko Murakami** et son grain de folie inégalé, la food team de **Reiko Kondo, Asako Yonezawa, Umeno Takizawa & « Michel »** chez Teppen, **Kumi Katou** pour le déclenchement du tout premier trip, l'hospitalité muji-esque de **Yurie & Yasushi Ninomiya**, les super tips de **Julien David**, les conseils aiguisés et tableurs redoutables de **Renaud Regner, Sonia Kalaydjian** pour cette nuit où un énorme typhon nous a fait disjoncter, **Gabriel de la Chapelle, Caroline Gire & Romuald Delzenne** pour nos inoubliables *vavadrouilles* sur l'archipel, le partage des toutes petites choses *kawaï* avec **Camille de Villartay, Géraldine de Friberg, Peggy Frey, Élisabeth de Feydeau & Alexandre Gauthier** pour le trip foufou des Ambassadeurs, **Tomomi & Thomas Herbin** pour mon tout premier dîner japonais homemade, **Nao Mikami** pour la découverte de nouveaux goûts, **Bertrand Larcher** pour la beauté du sarrasin et du beurre salé, **Otomi Larcher** pour m'avoir aidé à sublimer tous ces projets, **Yukino Taguchi** pour sa curiosité communicative, **Amy Ma & Dominique Ansel** pour avoir créé des ponts entre mes villes de cœur, **Mizuyo Yoshida** et ses petites reines indispensables, **Sarah Andelman** pour avoir ramené l'esprit de Tokyo à Paris, les associations d'idées folles de **Jean-Luc Colonna, Thierry Maincent** et son enthousiasme contagieux, **Laurent Beccaria** pour être tombé sur ce manuscrit, **Pierre Bottura** pour m'avoir poussé à voir encore plus loin, **Éric Pillault** pour sa passion Japon en mode 7-Eleven, **Susanna Lea & Mark Kessler** pour n'avoir jamais douté du projet malgré tous ceux mis de côté. **Bianca, Ice-T & Rubelli** pour leurs doux remèdes à la mélancolie. Et enfin **Thiery Teboul Fontana** pour avoir su piloter sur nos routes sinueuses durant toutes ces années.

またね! **Vahram muratyan**

ヴァラム
ミュラティアン

Artiste visuel et directeur artistique, **Vahram Muratyan** est né et vit à Paris.

En 2010, lors d'un long séjour à New York, il lance son premier blog dans lequel il compare graphiquement ses deux villes de cœur.

Paru l'année suivante, *Paris vs New York* rencontre un immense succès.

Le style de **Vahram Muratyan,** reconnaissable à ses lignes épurées et à ses aplats de couleur intenses, est connu dans le monde entier.

du même auteur

Paris vs New York
10/18, 2011

Tick Tock,
mémoires visuelles du temps qui passe
Stock, 2014

Édition	Pierre Bottura
Direction artistique	Éric Pillault
Traduction	Yoko Nakamura Michiko Maekawa
Révision	Isabelle Paccalet
Photogravure	Point 11
Fabrication	Marie Baird-Smith

Les Arènes,
17-19, rue Visconti, 75006 Paris
Tél. : 01 42 17 47 80
arenes@arenes.fr
www.arenes.fr

L'ensemble de cet ouvrage a été réalisé
dans le respect des règles environnementales
en vigueur. Il a été imprimé exclusivement
sur des papiers FSC :
Munken Lynx rough pour l'intérieur,
Magno natural pour les gardes,
Efalin pour la couverture,
Gardagloss pour la jaquette.

Avec le soutien de **Tokyo*Tokyo***

Achevé d'imprimer sur les presses de l'imprimerie
Graphicom à Vérone (Italie), en juin 2022.
ISBN : 979-10-375-0768-6
Dépôt légal : Septembre 2022

FSC www.fsc.org
MIXTE
Papier | Pour une gestion forestière responsable
FSC® C174460

@vahrammuratyan
#vaaujapon

va au japon.

conseils
pour survivre
à douze heures
de vol Paris-Tokyo

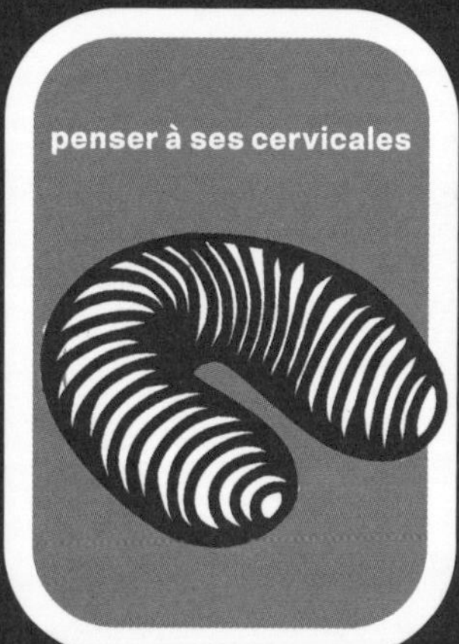

そう
そう
そう
そう
やばい!